AF481679

《潮汕华侨文化》编委会

丛书主编：纪彦芳
丛书主审：林伦伦
编　　委：林耀龙　黄泽雄　谢彦民

本册主编：谢少玲
副 主 编：吴　丹
参　　编：林珊娜　何佳弘　黄　颖　郭玉芬
　　　　　郑曼琪　陈丹彤　林泽华

指导单位：
汕头公共外交协会
汕头市教育局
汕头市侨务局
汕头市归国华侨联合会
汕头市龙湖区公共外交协会
汕头市龙湖区教育局
汕头市龙湖区侨务局
汕头市龙湖区归国华侨联合会会

潮汕华侨文化

《潮汕华侨文化》编委会 / 编

第六册

广东高等教育出版社
Guangdong Higher Education Press

·广州·

图书在版编目（CIP）数据

潮汕华侨文化．第六册／《潮汕华侨文化》编委会编．—广州：广东高等教育出版社，2023.5

ISBN 978-7-5361-7321-7

Ⅰ．①潮…　Ⅱ．①潮…　Ⅲ．①华侨—文化—潮汕地区—小学—教学参考资料　Ⅳ．① G624.453

中国版本图书馆 CIP 数据核字（2022）第 176416 号

潮汕华侨文化（第六册）

CHAOSHAN HUAQIAO WENHUA （DI-LIU CE）

出版发行	广东高等教育出版社 地址：广州市天河区林和西横路 邮编：510500　　营销电话：（020）87553335 网址：www.gdgjs.com.cn
印　　张	4
字　　数	50 千
版　　次	2023 年 5 月第 1 版
印　　次	2023 年 5 月第 1 次印刷
定　　价	25.00 元

序

潮人文化源远流长，其主要源流有三：一是粤东沿海原住民的土著文化，二是从河南经福建入潮移民的中原文化，三是从原住民到潮人（中原移民）的海上活动形成的海洋文化。

现汕头市的南澳县、澄海区的程洋冈、潮阳区的海门，潮州市饶平县的柘林，揭阳市惠来县的神泉等，都曾经是不同历史时期粤东沿海的著名港口，是海上丝绸之路的重要节点。明清以来，现汕头市澄海区的樟林港，更曾经是粤东、闽西南、赣东南人民南下中国香港地区和东南亚各国，北上上海、青岛、天津、北京和日本、韩国的重要港口。1860年汕头开埠前后，英国等国家的轮船陆续通航汕头，并有十多个国家先后在汕头设立了领事馆，汕头港逐步取代了樟林港的地位而成为中国东南沿海地区的重要港口。

1921年，汕头正式设立了市政厅，有了首任市政厅厅长，到2021年刚好100周年。据《潮海关史料汇编》记载，汕头港的进出港船舶总吨位曾经名列全国第三。近代从樟林港和汕头港漂洋过海到我国香港地区和东南亚各国谋生的潮人以数百万计。发展到现在，潮籍的华侨华人更是以千万计，潮汕民间有"海内一个潮汕，海外一个潮汕"的说法。数百年来，这1 000多万的"番客"（海外华侨华人），搭乘着红头船或者轮船，在潮汕与中国香港地区及东南亚各国之间频繁来往，或贸易，或探亲，形成了潮人文化三大源流之一的海洋文化，也形成了潮人"爱国、爱乡、爱自己的家人"的优秀品质和"艰苦拼搏、勇于创业、开拓进取、海纳百川"的精神特质。

今天，时代的列车已在 21 世纪的轨道上飞速前行。历史积淀深厚的潮人文化、丰富多彩的华侨文化虽然曾经深深地烙印在前辈潮人身上，但对于当代的少年儿童来说，似乎已成前辈故事。但是，潮人文化中爱国爱乡、拼搏创业、追求精致等优秀特质，值得年轻人继续传承和发扬。

有鉴于此，汕头市龙湖区金阳学校教育集团在上级各单位的指导下，为潮汕侨乡和国内外的潮人少年儿童编著了这套"有声有色"（音频、插画）的《潮汕华侨文化》读本，希望通过学校的教学和课外的阅读，让同学们了解潮汕侨乡文化的源流，了解自己的家乡，知道自己的根在哪里，使优秀的潮汕侨乡文化得以延续和弘扬。

我有幸受邀作为读本的主审，参与了教师们的编写、修改，初稿评审、再修改，二稿评审、第三次修改，三稿评审、第四次修改，直至定稿交出版社的整个过程，认为这是一套内容丰富多彩、富有潮汕侨乡特点、有声有色有趣味的，适合孩子们阅读、学习的读本。特写下这篇千字短文作为序言推介之。

2022 年暑假写于汕头

作者系当代著名语言学家，广东技术师范大学教授，汕头大学原副校长、韩山师范学院原校长。

目 录

第一单元　**诗词**

1　自题画竹　…………………………………　2

2　渔樵耕牧四咏（其一）　……………………　4

3　汕头行（其一、其六）　……………………　7

4　望江南·潮汕好十六首（选二首）　…………　10

第二单元　**新诗**

5　看划龙船　……………………………………　14

6　乡愁　…………………………………………　17

第三单元　**侨批**

7　丈夫写给妻子的批信　………………………　22

8　父亲写给儿子的批信　………………………　25

9　儿子写给母亲的批信　………………………　28

10　儿子写给父母的批信　………………………　31

11　周恩来等的回批　……………………………　35

第四单元

散文

12　明月水中来 ……………………………………　40

13　寸草心（节选）……………………………………　44

14　柴米油盐问金安 ……………………………………　49

15　侨批的家国年代 ……………………………………　53

第一单元

诗　词

扫码听音频
（潮汕话）

扫码听音频
（普通话）

1 自题画竹①

[清]曾习经

夹江篁②竹万琅玕，自别棉湖③见亦难。
聊与羁人④慰乡思，腻香春粉两三竿。

【注释】

① 选自《蛰庵诗存》（清·曾习经，简介见第五册）。
② 篁：形声字，从竹皇声。指竹园或竹田。
③ 棉湖：隶属于广东省揭阳市揭西县，位于揭西县东部。
④ 羁人：旅客。

导读

竹子向来为文人墨客所钟爱，他们爱它的坚贞不屈，折服于它的凛凛气节，写下了无数咏叹竹子的诗篇。而诗人曾习经则在此诗中寄寓了浓浓的思乡之情。

知识拓展

潮汕地区盛产竹子，而且江河纵横，运输便利，是竹制品的主产区。旧时编制竹器的工匠几乎遍布四乡六里，竹器业自然而然成为潮汕地区的传统手工业。作为一种传统民间工艺，潮汕竹器历史悠久且富有地方风情和人文特色。

潮汕竹器品种繁多，除了文具中的笔筒，以及用作文房四宝的毛笔、笔管等，还有很多竹制的生产、生活用品。在林林总总的竹制品中，有不少还是地方风俗和人文特色的具体体现。例如春篮，因在其外围涂上桐油并绘有花鸟而俗称"花篮"。花篮小巧玲珑、美观雅致，大的有两层，小的仅一层，均有盖子，可在里面藏放物品，过去人们（特别是女人）外出做客或者亲戚来往，大多提着花篮。饭篮、衫箕、母仔椅、竹槌、竹尖担等也是常见的竹器。

活动探究

与传统手工竹制品相同，潮汕的剪纸、刺绣、钩花、嵌瓷等传统技艺也都展现了潮汕人的心灵手巧、匠心手艺。你还知道哪些潮汕传统技艺？找一找相关的资料，把你最感兴趣的几样记录下来，还可以动手做一做，展示你的动手能力。

扫码听音频
（潮汕话）

扫码听音频
（普通话）

2 **渔樵耕牧四咏**（其一）①

［元］郭真顺②

朝泛桑浪水，暮归鹦鹉洲。
一丝③抛下处，牵动海天秋。

【注释】

① 本诗选自《潮州府志》（清·周硕勋）。

② 郭真顺（1312—1436）：出生于潮州府揭阳龙溪都（今属潮州市潮安县），元末明初著名女诗人，120岁仍能写诗，125岁逝世，是中国历史上最长寿的女诗人。

③ 丝：钓鱼的渔线，这里指将鱼钩随线抛下江去。

　　这首诗是《渔樵耕牧四咏》中的第一首，即《渔》，描绘了渔夫一天工作、生活的生动画面。渔夫趁着朝阳出海打鱼，傍晚返回到鹦鹉洲歇息。钓鱼时拿起鱼竿，将鱼钩随线抛下江去，一见浮标晃动，扬起鱼竿，水面就会水花翻动，荡出涟漪，使秋天的江面更加生动美丽。郭真顺用极其浅显简洁、形象生动的语言描绘出一幅秋江钓鱼图。

知识拓展

　　拗罾是一种比较原始古老的捕鱼方式：在河边支起竹架子，张开一张达到一定面积的网（大小不一），沉入河底，一段时间后，利用杠杆原理，把四根竹竿中间的绳索拉上来，就能把刚好游过这张网上面的鱼兜在里面。现在有些捕鱼人在罾网的水面上撒些鱼饵，等鱼群游过来觅食时就迅速拉起罾网，把鱼兜起来，使用的是一种诱捕的方法。

　　汕头全市海域面积约 4 424 平方千米，陆地海岸线长 217.7 千米，岛岸线 168 千米。全市有海岛 180 个，其中有居民的海岛 5 个。打鱼是一种古老的生产方式，渔民每天在风浪中驰骋，以捕鱼虾为生，与自然相伴，一定有许多独特的经历。请你在做好安全防护的前提下，观察渔民的工作和生活，了解他们的打鱼技巧、打鱼工具，感受渔民的艰苦奋斗和勇敢坚强，把你的观察和体会与同学们交流。

扫码听音频
（潮汕话·其一）

扫码听音频
（普通话·其一）

3 汕头行（其一、其六）

老舍[2]

其一：向中共汕头地委献诗

柑柚花香迎客舟，一帆春雨到汕头。

海门回望群峰涌，港口雄开万里流。

弦管[3]倾城唐宋曲，嵌雕绝技鬼神愁。

红棉白鸟诗情在，况有潮声微似秋。

扫码听音频
（潮汕话·其六）

扫码听音频
（普通话·其六）

其六：赠广东潮剧院

莫夸骑鹤下扬州，渴慕潮汕几十秋。

得句驰书傲子女，春宵听曲在汕头。

【注释】

① 本诗选自 1962 年 4 月 17 日《羊城晚报》。

② 老舍（1899—1966）：北京人，原名舒庆春，字舍予，笔名老舍。中国现代作家、小说家、戏曲剧作家、诗人，被誉为"人民艺术家"。

③ 弦管：弦乐器和管乐器。泛指乐器。

1962 年 4 月初，老舍到广东汕头游访，咏诗《汕头行》八首。

这八首诗语言通俗简洁、朴实无华，简洁中寄托着深情，朴实中蕴含着厚意，情感真挚，富有感染力，描绘了诗人在广东汕头游访时的所见所闻所感，抒发了诗人热爱潮汕风物以及潮汕文化，热爱潮汕人民的深情厚意。这八首诗成为广泛传诵的咏潮汕风物以及潮汕文化的诗篇。

潮剧又名潮调、潮州戏、潮音戏、白字戏等，是广东四大名剧（粤剧、潮剧、汉剧和雷剧）之一，也是一个已具有 500 多年历史的古老剧种，主要吸收了弋阳腔、昆曲、梆子、皮黄等特长，结合本地传统民间艺术，如潮语、潮州音乐、潮州歌册、潮绣等，最终形成自己独特的艺术形式和风格。

潮剧行当齐全，生、旦、净、丑各有首本戏（最擅长的戏），表演细腻生动，身段做工既有严谨的程式规范，又富于写意性，注重技巧的发挥，其中丑角和花旦的表演艺术尤为丰富，具有独特的风格和地方色彩。

看一看：到小公园开埠区的老妈宫大戏台或广东潮剧院的"周五有戏"看一场潮剧，感受潮汕本土传统艺术的魅力。

找一找：潮剧各个行当的服饰、头饰各有什么特色？每个行当又各有哪些名角和首本戏？找一找相关的资料，记录下来。

唱一唱：选一个你最喜欢的潮剧唱段，尝试学着唱一唱。

举行一次"潮剧文化大观园"主题活动，把同学们了解到的内容以丰富多彩的形式一起交流。

4 望江南·潮汕好十六首（选二首）①

张华云②

扫码听音频
（潮汕话）

扫码听音频
（普通话）

望江南·潮汕好·潮州音乐

潮汕好，潮乐广流传。
里巷③寻常闻玉笛④，楼台无处不丝弦⑤。
韵调最缠绵。

【注释】

① 本组诗选自《张华云词集》。

② 张华云（1909—1993）：广东省普宁市泥沟村人，知名潮剧大师，潮剧编剧、诗人、教育家。1934 年毕业于中山大学文学院历史系。长期从事教育工作。1954 年在汕头市第一届人民代表大会上当选为汕头市副市长。作品辑入《张华云喜剧集》《筑秋场词》《潮汕竹枝百唱》等。

③ 里巷：小街小巷。

④ 玉笛：是笛子的美称，这里指笛声。

⑤ 丝弦：指弦乐器上用以发音的丝线，亦借指弦乐器。此处指拉弦。

望江南·潮汕好·英歌[1]舞

扫码听音频
（潮汕话）

扫码听音频
（普通话）

潮汕好，社日[2]着疯魔[3]。

三十六槌[4]相对舞，万人空巷[5]看英歌。

乐事入春多。

【注释】

① 英歌：也称秧歌、莺歌，广泛流传于潮汕各地。

② 社日：社日节，又称土地诞，是古老的中国传统节日。社日分为春社和秋社。

③ 疯魔：如同疯狂一般。

④ 三十六槌：指英歌舞队。英歌舞队有 24 人、36 人（俗称三十六天罡），多者可达 108 人（扮成梁山一百零八好汉）。表演时，英歌队成二路纵队前进，除了扮演时迁者持布蛇在前领队外，所有队员每人手执两根短棒，依节奏上、下、左、右互相扣击，跳跃着前进。

⑤ 万人空巷：家家户户的人都从巷里出来了，多用来形容庆祝、欢迎等盛况。

导读

《望江南·潮汕好十六首》是张华云以其亲身体会，谱写赞颂潮汕的一组词，词中介绍了潮汕饮食小吃、传统文化、风景名胜、民俗风情等，短小精悍、引人入胜，在潮汕广为流传。

潮州音乐的主要特点是古朴典雅、优美抒情。它的主要乐器有二弦、二胡、扬琴等弦乐器以及锣鼓等打击乐器。潮州音乐保留了很多南音古韵，有专家认为是古代宫廷音乐的遗存。潮州音乐除了在潮汕地区流行之外，还广泛流行于港澳地区和海外潮人聚居地。

2006 年 5 月，经国务院批准，潮州音乐被列入第一批国家级非物质文化遗产名录。

欣赏一场潮州音乐演奏，把你了解到的乐器和潮州音乐名曲写下来，并做简单的介绍。

类别	名称	特点
潮州音乐乐器		
潮州音乐名曲		

第二单元

新诗

5 看划龙船①

［美国］非马②

如果鼓声是龙的心跳
那几十支桨该是龙的脚吧！

鼓，越敲越响
心，越跳越急
脚，点着水
越走越快越轻盈

而岸上小小的心呵
便也一个个咚咚咚咚地

一起一落
一起一落
爸爸们
请牵牢
你们孩子的小手！
说不定什么时候
他们会随着
龙的一声呼啸
腾空而起

【注释】

① 选自《非马集》，生活·读书·新知三联书店 1984 年版。

② 非马：1936 年生，原名马为义。美籍华人科技工作者、诗人、艺术家。原籍广东潮阳，生于台湾。著有诗集《在风城》《非马诗选》《非马集》等，作品被收入 100 多种选集，包括海峡两岸的教科书，并被译成十多种文字。

农历五月初五赛龙船，是中华民族历久不衰的传统习俗。它体现了中华民族齐心协力、奋力拼搏、勇往直前的精神。《看划龙船》这首诗写的就是孩子们随大人看划龙船时的情形，充满想象力。诗歌歌颂了华夏子孙作为龙的传人，血脉里流淌着龙的勇敢腾跃的精神。

知识拓展

农历五月初五，是中国的传统节日——端午节，潮汕人俗称"五月节"。每逢端午节，潮汕人都会举行丰富多彩的庆祝活动，形成富有地方特色的端午节习俗，如赛龙舟、插艾［hian⁷］等。

1. 赛龙舟（扒龙船）。潮汕有韩江、榕江、练江三条河流，其支流河溪交错、水流平缓，是赛龙舟的黄金水域。端午节期间，潮汕各地都有赛龙舟的习俗，现在已经发展成为一种民间体育活动项目。

2．插艾。插艾是潮汕地区端午节的一项主要习俗。这一天，各家各户门上都要插艾，据说可以驱瘟辟邪。

活动探究

汕头市金平区沟南社区的赛龙舟始于明末清初，传承至今还衍生出每年农历四月二十八的"龙爷公诞"。当地人认为，龙爷公是水神，四月二十八"龙爷公诞"这天要拜祭龙爷公并举行龙舟赛。赛龙舟时，鼓声震天，桡手一齐奋力划船，比赛过程竞争激烈，观赏性强。请你观赏一次龙舟比赛，把你观察到的、联想到的、体会到的说给同学们听，并发挥想象力，画一条龙舟，说说你的设计理念。

6　乡　愁[1]

余光中[2]

小时候，
乡愁是一枚小小的邮票，
我在这头，
母亲在那头。

长大后，
乡愁是一张窄窄的船票，
我在这头，
新娘在那头。

后来啊，
乡愁是一方矮矮的坟墓，
我在外头，
母亲在里头。

而现在，
乡愁是一湾浅浅的海峡，
我在这头，
大陆在那头。

① 选自余光中《白玉苦瓜》。

② 余光中（1928—2017），出生于南京，祖籍福建永春，当代著名作家、诗人、学者、翻译家。代表诗作有《乡愁》《乡愁四韵》，诗集有《白玉苦瓜》，散文集有《记忆像铁轨一样长》，散文有《听听那冷雨》《我的四个假想敌》等。

导 读

  《乡愁》是诗人余光中于 1972 年创作的一首现代诗歌。余光中被称为"以乡愁之诗撼动亿万华裔"的诗人，"乡愁"是其众多诗作中挥之不去的主题。

  诗中通过"小时候""长大后""后来啊""而现在"这几个时序语贯串全诗，借邮票、船票、坟墓、海峡这些实物，把抽象的乡愁具体化，概括了诗人漫长的生活历程和对祖国的绵绵怀念，流露出诗人深沉的历史感。全诗语言浅白真率，情感深切。

　　1936 年，马思聪到北平旅行演出，听到一首朴实清新的绥远民歌《城墙上跑马》。1937 年 7 月，抗日战争爆发，背井离乡的马思聪想起那首只有八小节的民歌，在尝尽四处漂泊、动荡不安的滋味之后，这首民歌激发了他的创作灵感。马思聪虽然没有到过绥远，但他从如泣如诉的旋律中，仿佛看到了漫天黄沙、城墙跑马、天边驼群的塞外壮美画面。强烈的游子思乡之情促使他创作了《思乡曲》。

　　《思乡曲》是《内蒙组曲》（原名《绥远组曲》）的第二章，其旋律引发了海内外中华儿女思乡爱国的强烈共鸣，是中国民族音乐的经典作品。

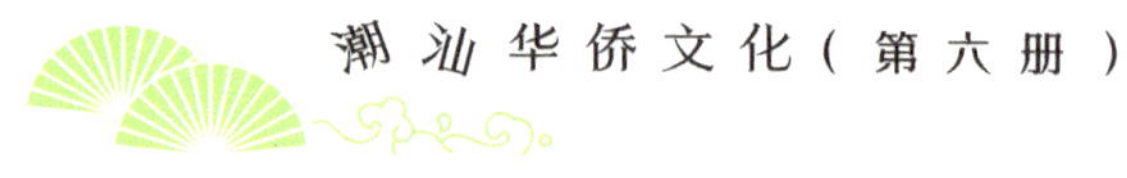

中西合璧的骑楼建筑群，类型各异的专题博物馆群，街头巷尾的潮汕美食……无不承载着海内外潮人浓浓的乡愁。如果有一天，你离开了温馨挚爱的家园，离开了年迈慈祥的双亲，成为漂泊的游子，什么会成为你的乡愁呢？ 根据下面的提示，仿写两三句小诗吧！

乡愁是一枚小小的邮票

乡愁是一张窄窄的船票

乡愁是……

第三单元

侨批

7　丈夫写给妻子的信

清莲知悉：

　　余自抵暹[1]，幸喜安乐，尔等[2]不用挂念。但尔在家，对于家庭，须欲调整，一切为要。过森小儿，须要读书，不可游玩，家中粮食，什物用款，亦须回明，以免吾念。吾为家庭生活问题，以致远别，这等白话，尔须详明[3]。现今顺便寄去国币贰万元[4]，到日查收，为家庭之用，余言后知，亦代问安钦发叔台。

　　诸事顺遂，冬安。

钦桂手寄

民国卅五年[5] 十二月十九日

【注释】

① 暹：泰国旧时的简称。

② 尔等：尔，你。尔等，你们。

③ 详明：体谅明白。

④ 国币贰万元：国币，指民国时期发行流通的一系列纸币、铜元、银元等货币，货币发行时间为1912—1949年。贰，"二"的大写。

⑤ 民国卅（sà）五年：卅五，三十五。民国卅五年是公历1946年。

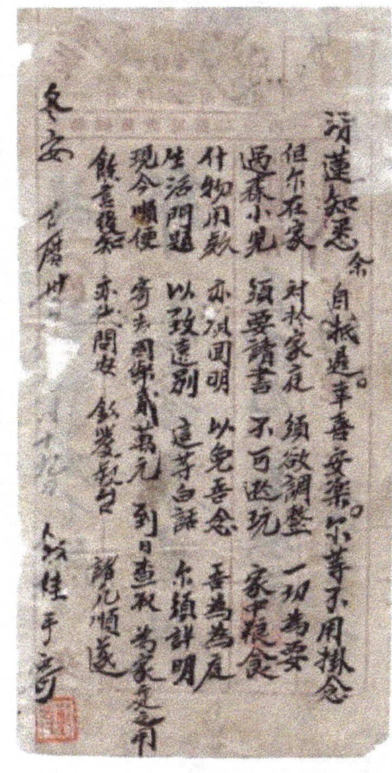

这封信是丈夫抵达目的地泰国后向妻子（清莲）报平安的家书。信中以寥寥数语交代了自己在泰国一切安好，郑重嘱咐妻子要打理好家务，特别是要教育儿子（过森）勤读书，养美德，不可游手好闲，无所事事。如果家中有什么重要的事情，一定要写信告知自己。批信体现了出洋谋生的丈夫对家中妻子和儿子的牵挂与对儿子教育的重视，反映了华侨关爱家人和重视家风教育的观念。

知识拓展

暹罗，泰国的旧称。东南亚的国名和地名翻译与现在的翻译有所不同。如侨批的寄批地常出现的"安南"即越南，"沙捞越"属于马来西亚，"金塔"即柬埔寨首都金边市，"叻""实叻""星洲"等则指新加坡。

活动探究

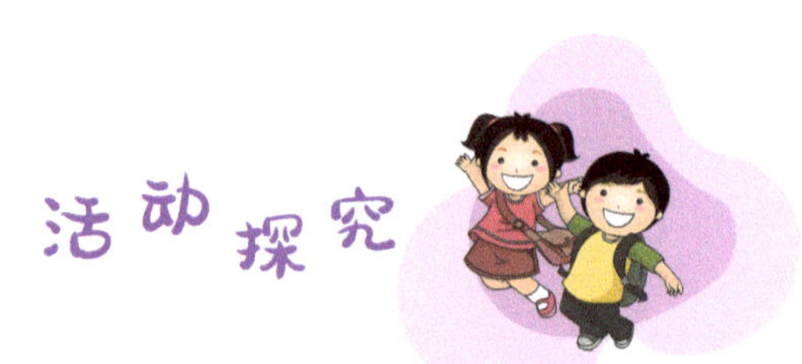

你能将侨批封面上的信息对号入座吗？

请在方框的正确位置分别填入“收批人、寄批人、批款、寄批地、收批地”。

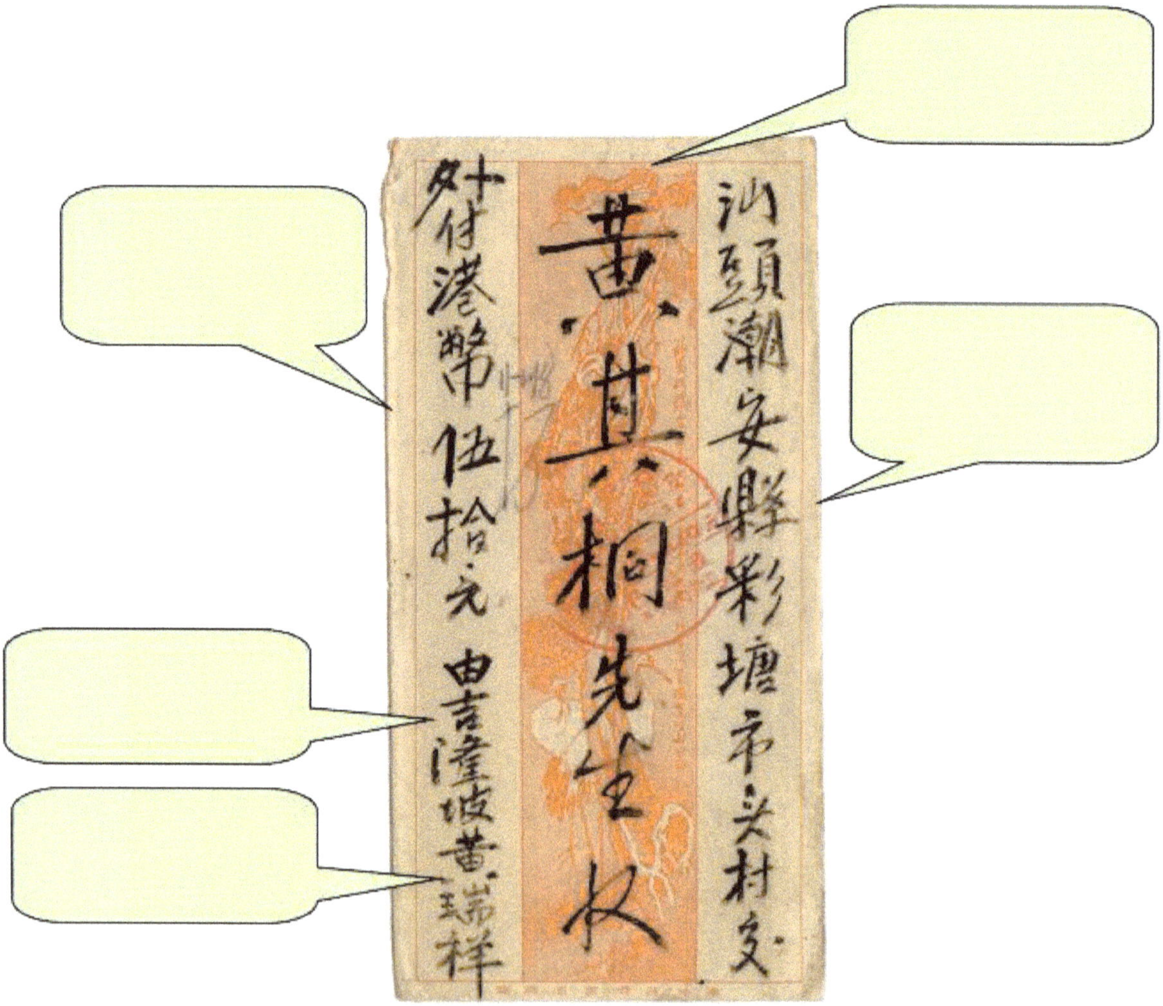

8　父亲写给儿子的批信

吾儿知悉：

尔父自从远出夷邦[①]，经营[②]取利，以致老年奔波，实为家计之致耳。吾儿当念尔父在外披星戴月[③]，沐雨栉风[④]，盖[⑤]为尔辈衣食之虑[⑥]也。切[⑦]宜守己，勤俭治家，田园勿荒，诸事谨慎。听尔母之训，不可忤逆[⑧]，非事[⑨]勿为，慎之勉之。候近前稍有遂心[⑩]，自当收拾回家，与你娶亲，安为家务，免使尔母亲老年愁挂[⑪]，可即思之。现寄付去大银九元，查收家用，回信来知。

此付。

父亲　字

乙亥年[⑫]六月初十

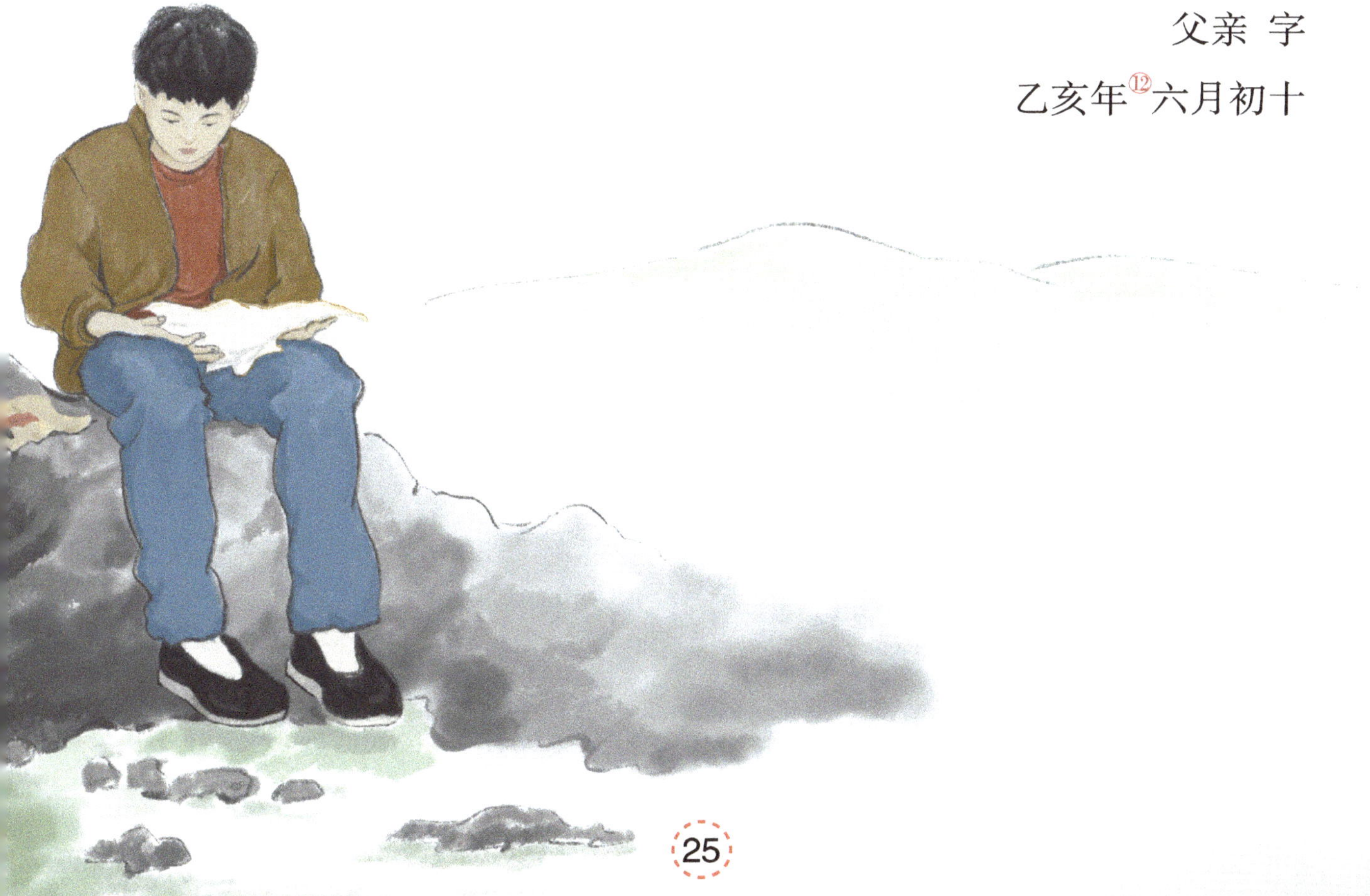

【注释】

① 夷邦：夷，指的是蛮夷。邦，指的是邦国。意思是蛮夷的国家，这里指"过番"者所在的国家。

② 经营：筹划并管理生意。

③ 披星戴月：身披星星，头顶月亮。形容起早贪黑，辛勤劳动或昼夜赶路，旅途辛劳。

④ 沐雨栉风：雨洗头，风梳发，形容人经常在外面不避风雨地辛苦奔波。

⑤ 盖：发语词，表示引出原因。

⑥ 衣食之虑：为基本的温饱衣食而考虑。

⑦ 切：千万，一定。

⑧ 忤逆：不孝顺（父母）。

⑨ 非事：泛指各种坏事。

⑩ 遂心：合自己的心意，满意。

⑪ 愁挂：挂念，这里指母亲发愁担心。

⑫ 乙亥年：1935 年。

导 读

　　《三字经》说："养不教，父之过。"中国历来重视孩子的教育，并将主要责任放在父亲的身上。在这封侨批中，父亲对孩子倾诉了自己为了一家人能衣食温饱，迫不得已漂洋过海、辛苦干活挣钱的苦衷。同时，这位父亲不忘谆谆教导儿子要勤俭节约、安分守己、孝顺母亲，听母亲的话。这封批信作为家书，在家庭教育方面对儿子谆谆嘱咐，体现了潮人重视家庭教育的传统观念。

　　潮汕平原自清朝以来，就是地少人多，潮汕农民十分注重精耕细作，素有"种田如绣花"之美誉。1991 年，汕头市水稻耕地年平均亩产超过 1 吨，成为全国第一个"吨谷市""吨粮市"。2000 年，全市水稻播种面积 97.67 万亩，平均亩产为 550 千克，实现"吨谷市"十连冠。这种做事精细的文化特征也表现在民间工艺品及生活情趣上，如木雕、石雕、工夫茶、潮菜等。

　　潮汕人民在长期的生活和生产实践中，经过不断摸索，逐渐掌握了气候变化及动植物生长的规律，并以农谚或者气候谚语的形式使这些经验流传了下来，如"夏至稻好试""五月未食粽，破裘唔敢放"等。你还知道多少潮汕的气象谚语和农业谚语？把你收集到的整理出来，结合自然现象和生活经验进行验证。

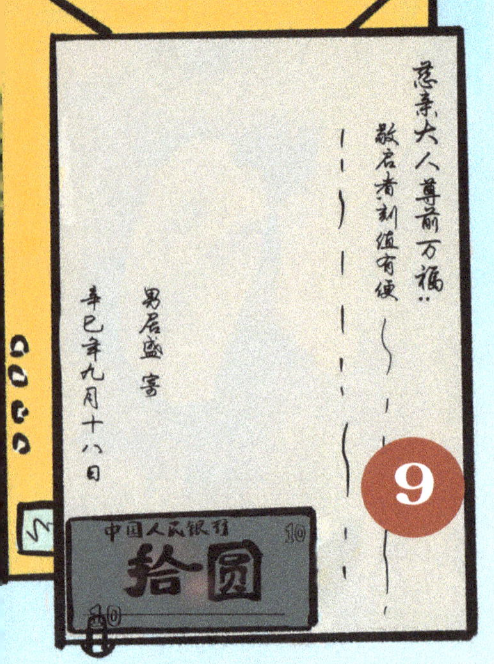

9 儿子写给母亲的批信

慈亲大人尊前万福：

敬启者，刻①值有便，特奉上大银②六十元，祈查收。内抹出③大银十元为祖母大人作寿辰之用，余存者以作家情④之需，但现在物价高贵，市情维艰⑤，因此作小生意者取利极难，况⑥日用浩大，是以⑦不能多寄，千祈原谅，幸叨福庇，客中⑧诸人安好。

专此

叩请福安！

男居盛 寄

辛巳年⑨ 九月十八日

【注释】

① 刻：现在。

② 大银：当时通用法定货币。

③ 抹出：拿出，留出。

④ 家情：家里的情况。

⑤ 市情维艰：维艰，非常困难。这里指生意的情况较差。

⑥ 况：况且。

⑦ 是以：因此。

⑧ 客中：客居之所，这里指海外。

⑨ 辛巳（sì）年：1941 年。

　　这是马来西亚华侨林居盛于农历辛巳年九月十八日（1941 年 10 月 8 日）寄国币 60 元至家乡潮安南桂母亲收的侨批。林居盛在马来西亚做小生意，艰难维生。就是在这种并不富裕的情况下，他还是省吃俭用，给"唐山"的家人寄回 60 元。信中特别交代要在所寄款项中拿出 10 元作为祖母生日的费用。这封批信，充分体现了华侨虽旅居海外，但心系桑梓、不忘赡养亲人、孝敬长辈的美好品德。

知识拓展

　　东汉时期著名的经学家、文字学家许慎在《说文解字》里这样解释"孝"的内涵——"善事父母者，从老省、从子，子承老也"。中国的儒家思想历来重视孝，孝悌被视为立家之本，是家庭伦理的核心内

容。孝道文化是中华民族关爱父母长辈、尊老敬老的一种文化传统。正是在这种思想影响下，华侨虽远涉重洋，打拼奋斗，但仍然心系家园，不忘家中父老，常寄侨批回乡赡养父母、妻儿、兄弟、姐妹。虽然每封侨批的内容大都平实而琐碎，但都折射出华侨的家乡情结和孝悌观念。

请你采访家中的一位长辈，请他（她）谈谈自己在成长过程中曾得到的长辈的哺育和关怀，或者孝敬长辈的故事。结合你的体会，简单谈谈你所发现的孝道之美。

10 儿子写给父母的批信

双亲：

本月二十日第二次大伟健轮航汕，丽娟的弟弟郑之深返国求学，有着[1]他带去一皮呷必[2]交林炎城君转细妹收。其中计有送细妹的手风琴一只，代林炎城君买的摄影机一只，如果不用纳税，该款仅港币一百八十元，我去函着妹妹照为交收，将款交双亲收用。又雨衣二件，一是细妹的，一是丙岳的。男式绿头长裤二条给三弟的。女庄衣服数件，细妹和弟妇等共分之。花布二块、乌斜纹布五码、万金油四罐、迦楠[3]药水二罐、乌羊角二个、香椒二罐、大墨水一罐，双亲分配应用。书包四个，分给小侄辈，在沈尹如先生处有水牛角[4]一畔[5]，候彼锯后始寄去，可着细妹或三弟前往领取。

关于旧厝[6]事，目前政府正在贯彻护侨工作，可由双亲作书前往询问便可。男前已迭[7]有去函，现不拟再作书，因不了解家中实况，轻易提出，徒有犯错误而已。

兹付上港币壹佰伍拾元，可照收用！

二弟妇及三弟等，促其不时通消息。

此祝

康健！

男 天溥 书上

1956 年 10 月 9 日

【 注释 】

① 着：使，派遣。

② 呷必：皮箱。泛指手提的箱子。外来词，来自英语"cabinet"的音译。

③ 迦楠：迦楠为降气平肝要药，味辛、性温、无毒。

④ 水牛角：水牛的角，可做药用。

⑤ 畔［boin⁵］：同"爿"，潮汕方言指整个、整块东西分出来的一半。

⑥ 厝：房屋。

⑦ 迭：屡次，不止一次。

导 读

迦楠、万金油、乌羊角、水牛角……这封信中提及的寄回潮汕的东西很多，其中一些是东南亚的特产。在闲谈碎语中，一位在海外打工谋生的儿子心系桑梓、反哺家乡亲人、担当家庭责任的华侨形象呼之欲出。此外，信中还提及政府贯彻护侨政策、维修侨民老屋的工作。这封批信好像有点啰唆，但却反映了华侨对家人无微不至的关怀。

　　樟林港的"红头船"和汕头的轮船当年带回来的不仅仅有"番批"，还有语言里的进口货——外语借词。正如这封侨批中的"呷必"，就来自英语"cabinet"的音译。潮汕话里的借词主要来自马来语、英语和泰语。如汽车叫"啰哩"[lo¹ li⁵]，就是"lorry"，英语原指货车；投篮叫"述球"，英语单词是"shoot"或"shot"；乒乓球触网叫"肉"，是英语单词"net"。再如大人们告诉孩子鳄鱼的凶残，就会形容之说："暹罗峇团，有人食人，无人食影。""峇团"就是马来语"buaya"（鳄鱼）的音译词。

　　当然，文化影响是双向的，我们的祖先也向马来语、泰语中加入了更多的潮州话（闽南话）的词语。如"交椅""豉油""浙醋""芥蓝""菠薐""粿条""桌"（酒席）等。

　　潮汕人在日常生活中经常"讲外语"，每个人早在儿时就已经自然而然地学会了几个外语词。请你留心观察，或者请教家中的长辈，把你收集到的潮汕话中的外语借词记录下来，查查字典，了解含义，与同学们分享。

潮汕话中的外语借词	外语词源	含义

11　周恩来等的回批

苏君谦郭子纲黄奕列位先生大鉴[①]：

迳复[②]者，顷代收到抗大捐款国币贰佰元，当遵命转交该校当局。先生等关怀祖国抗战人才之养成，爱国热忱殊堪钦敬！查抗战以来，敝[③]路军除挺进敌人后方，实行游击战争以牵制和消耗敌军之外，鉴于抗日战争民众运动各部亟需[④]干部人才，故有抗大与陕公[⑤]之设立。蒙海外人士不弃，纷纷赐予物质精神援助，两校校务，遂蒸蒸日上[⑥]。最后复大事扩充，决招收大批青年，特别欢迎海外华侨返国就学。关于抗大、陕公海外隔阂[⑦]，多有不便之处，盼望先生等广为解释，鼓励彼方青年，前来学习抗战知识，则幸甚矣！

　　谨致

民族解放敬礼！

国民革命军第八路军

驻汉代表：周恩来　叶剑英

驻粤代表：潘汉年　廖承志

九月廿一日

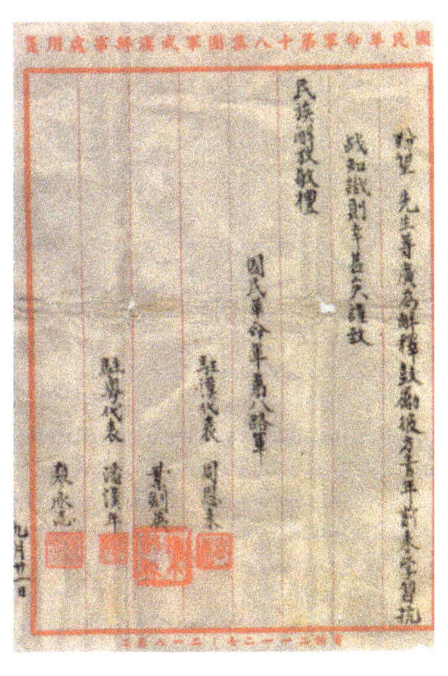

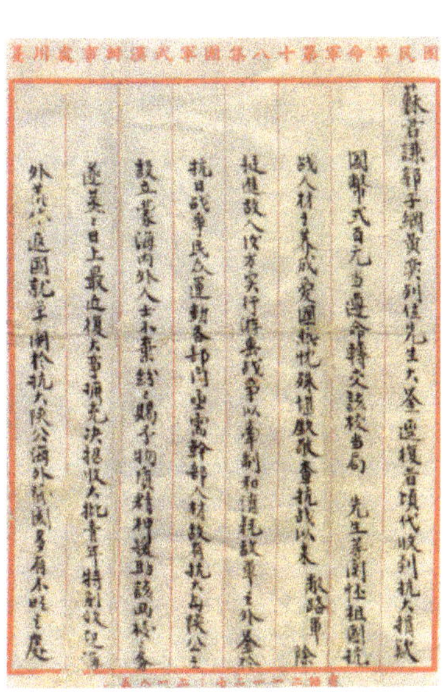

【注释】

① 大鉴：书信用语。用在开头的称呼之后，表示请人看信，敬辞。
② 迳复：往来，往返。
③ 敝：谦辞，用于跟自己有关的事物。
④ 亟（jí）需：意思是急切需要，强调客观上的需要和迫不及待。
⑤ 抗大与陕公：中国人民抗日军政大学、陕北公学的简称，抗日战争时期中国共产党在延安举办的培养青年干部的学校。
⑥ 蒸蒸日上：一天天地向上发展，形容发展速度快。
⑦ 隔阂：沟通有障碍或是情意不通、思想有距离。

导 读

　　抗日战争时期，海外侨胞坚决拥护中国共产党全民族抗日的主张，广大潮籍侨胞踊跃参加各种抗日救亡活动，并募集大批钱款，通过银行寄汇或侨批寄回祖国、家乡，支援抗日前线。这封回批源于旅泰的青年侨领苏君谦与同乡挚友郭子纲、黄奕三人合资捐出 200 元国币，支援中国人民抗日军政大学做办学经费。这笔款就是通过"口批"（即寄批人口头讲定）的方式，由增顺批局送到家乡澄海信宁村的挚友詹欧波手里，再由他转交给国民革命军第十八集团（八路军）武汉办事处的。1938 年 9 月 21 日，八路军驻武汉办事处代表周恩来、叶剑英与驻粤办事处代表潘汉年、廖承志，特地联名回信，对苏君谦等三人的爱国热忱表达感谢，并盼望他们在泰国"鼓励彼方青年，前来学习抗日知识"。

　　这是华侨通过侨批递送批款，支援祖国人民正义斗争的典型实例，也是华侨爱国精神和侨批局恪守诚信的生动反映。周恩来等的回信，则反映了中国共产党对华侨青年爱国抗日热情的重视和赞扬。

知识拓展

口批是一种特殊侨批，一般是"大额要款"才启用这种寄汇渠道。寄批人只用口头说定，把批款交给执事，执事直接面授最可信赖的批脚——受侨批局雇用递送解付侨批的人员，也叫"侨批派递员""批伙""批伴""批工"。至于寄批人是谁，只有执事知道，批脚大可不管。因为抗日战争时期日寇对侨批封禁严酷，倘若暴露，随时都有生命危险，所以增顺批局开启了"口批"渠道。

批脚到达汕头后，立即到指定的"银庄"，用代号与密码口头支取，然后分送各地收批人。

当时大多数批脚生活清贫，待遇低微，而送批的时候，他们却又经常"腰缠万贯"，有时带在身上派送的现金多达几万元，但他们从来也没有侵吞过海外侨胞的批款或丢失他们的侨批。

由此可见，"口批"是特殊时期的特殊产物。"口批"的历史资料进一步证明，爱国与诚信，是潮汕人最优良的传统和最优秀的品质。

　　在汕头市海平路 97 号，一幢骑楼静静矗立，镌刻着历史的印迹。90 多年前，这幢骑楼见证了中央苏区时期艰苦卓绝的革命斗争；如今，随着汕头"活化保育"工作的进行，此地以"中共中央至中央苏区秘密交通线汕头中站旧址陈列馆"的身份焕发出新的活力。请同学们到陈列馆参观学习，并在班里举行一次"汕头红色故事交流会"，将你们了解到的汕头红色故事讲一讲、演一演。

第四单元

散文

12 明月水中来

[泰国] 司马攻①

　　我有一把小茶壶，宜兴出品的朱砂小壶。壶底刻着"明月水中来"五个行书，署名孟臣，书法古朴，笔势灵劲锋利，似是用竹刀刻割而成的。壶把后面钤有"昌记"的小印。

　　我不想去考证这小茶壶是什么时代的"孟臣"。孟臣姓惠，明朝天启时代的人，是一位制造小茶壶的名家，他已经死去好几百年了！但是现在新制出来的宜兴砂壶，还有钤着"孟臣"二字的。孟臣壶在潮州是最普遍，也最为人赏识的小茶壶。

　　至于我这把小茶壶，无论是精品还是赝品，我对它很是珍惜。因为这小茶壶现在是属于我的，而数十年前是属于我祖父的。

　　小时候在故乡，我每天都见到祖父用这把小茶壶，冲出比小壶更小的四杯浓浓的茶来。有客人到来，他同客人喝着，没有客人他就独自一个人喝。有时祖父也要我喝茶，我也照喝了。茶是浓浓苦苦的，我闭着眼睛一饮而尽，皱着眉头，张个苦脸跑开了。祖父摇摇头，笑着说："这孩子就是不会喝茶！"

　　祖父去世后，不久我离开了家乡，不知当时我是怎样想的，便将这把小茶壶带在身旁，跟着我辗转过很多地方。

　　在那段时间，我有时也曾经用这把小茶壶，冲几杯潮州工夫茶喝，不过这是很少有的事。这把小茶壶大部分时间都是寂寞地待在小木箱里。

　　30 多年前我到泰国来，这把小茶壶又被我带着同来。这里喝潮州茶的人很多，就同故乡一样的普遍，我也开始喝起茶来。这把小茶壶十多年的寂寞被解除了。

　　浓浓的茶从壶嘴流出，盈在洁白的小杯里，吸进了我的口中，香滑滑的，没有半点儿苦涩的味道。"这个不会喝茶的孩子"现在也学会喝茶了。我一面喝茶，一面看着挂在壁上的祖父遗像，默默的这样想着。

　　我尚未结婚，就习惯喝潮州工夫茶。现在我的大儿子已十多岁了，我的茶瘾似乎越来越大，我这把心爱的小茶壶也跟着越来越忙碌起来。有时我也要我的儿子喝喝茶，可是他只喝了小半杯，就把杯子放下，"这样热，这样苦！"，做个鬼脸跑开了。

　　我有一个感觉：这把小茶壶，算是传了三代的小茶壶，将来又要寂寞了！当我死去之后，它可能会永远地寂寞下去。我的儿子是不会喝茶的！这小茶壶将来的"命运"如何？被打碎呢？还是被冷藏起来？

唉，我倒后悔把它带到泰国来了。

有一天，那是一个假日，我出外访友回来，当我踏进客厅里时，我大大地吃了一惊，我那个十多岁的儿子，他坐在我经常坐在那儿喝茶的地方，用他那生硬的手法，拿着这把小茶壶，正在冲他的工夫茶喝。

他一见到我，笑了一笑，就走开去。我也什么话都没有说，只是笑了一笑。这时我心中的笑意比脸上的笑容还要强烈得多。

这把小茶壶将不会寂寞，它又将有新的主人了。它前时是我祖父的，现在是我的，将来是我的儿子的。

"明月水中来"这个明月，我看得分明：她是故乡的那轮明月。这明月我将留给我的儿子，以及他的儿子。

【注释】

① 司马攻：1933 年出生于广东潮阳，代表作品有《明月水中来》《司马攻散文选》。司马攻 21 岁投入商界，做了一名生意人。从 20 世纪 60 年代开始，他走上"亦商亦文"的道路，70 年代已驰名泰华文坛。司马攻为泰华文学创作的组织、繁荣和发展进行卓有成效的工作，做出重要的贡献。

导 读

对于外地人来说，潮汕工夫茶是潮汕文化的一张名片；对于潮汕人来说，喝工夫茶是一种不可或缺的生活方式。友人相聚时，一杯茶，可以联络感情，可以闲聊消遣，可以洽谈贸易……茶文化代代相传，生生不息。本文以一只茶壶的传承把文化传承具象化了，反映了潮人浓浓的乡愁和对家乡的热爱。

　　喝工夫茶是潮汕地区的风俗之一，有潮汕人的地方，便有工夫茶的影子。"工夫"一词，在潮语中指做事方法讲究，在茶道中指烹茶、品茶方法讲究。潮汕工夫茶有讲究茶具、茶叶、用水、冲法、品味的一套茶道。所谓工夫茶，并非茶的名字，而是泡茶的技法。

　　在潮汕地区，人们把茶作为待客的最佳礼仪，不仅因为茶有养生的功效，更因为茶自古以来就有"待君子，清心身"的意境。工夫茶特别讲究食茶礼节，待茶冲完，主客总是谦让一番，再请长者、贵宾先尝，传承了中华传统美德，让"礼"的精神深深植根在潮汕茶文化中。

　　你身边的人爱喝茶吗？不同年龄的人喜欢喝的茶有什么不同？请你开展一次关于"茶与日常生活"的调查研究，可以通过设计问卷、采访调查，或者查找有关书籍，了解身边的人对茶的看法，与同学们交流你的研究发现。

13 寸草心（节选）

［泰国］梦莉①

父亲那时定居泰国，抗日战争的浪潮也把他卷进了时代的洪流中。在泰国他从事抗日救亡工作。后来，他遭到有关当局逮捕，关了一段时间后被判出境。就这样，我们随着父亲回到中国。

中国的抗日战争还在艰苦进行中。父亲为了完成他的志愿，宁愿牺牲个人的幸福，抛开年轻的妻子、心爱的儿女及年迈的父母，毅然离开他温暖的家。

我思念父亲，记挂父亲，年纪越大，思亲之情便越强烈。当我学会写几句不很通顺的语句时，我给我的父亲写信。我生平的第一封信，便是写给我父亲的。

我兴冲冲地把这封信交给母亲，请她代为寄出。我寄出我的第一封信，寄出我的一个希望，我又等候着这个希望能很快地转回来……

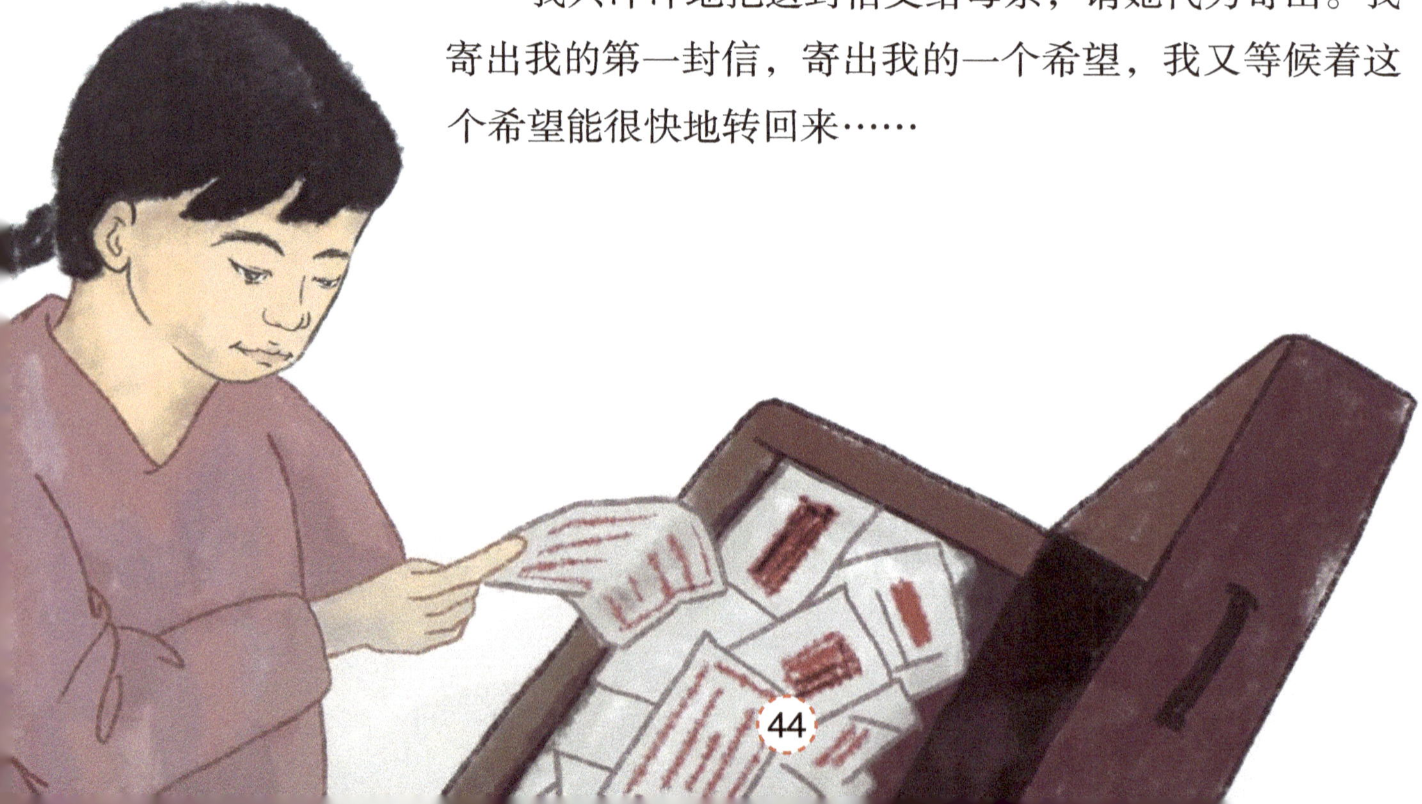

接着，我再寄出第二个、第三个……我寄出很多个希望。每一个希望的寄出，心里有一些儿高兴，但是这个高兴，总是被毫无回音的死寂粉碎了！后来，我寄出的已不是希望，而是一封一封的痛苦。

一天，我无意间打开了母亲的一口精美的木箱，这木箱本来是一直上锁的，不知何故，母亲那天竟忘了锁上。当我掀起箱盖的时候，我的心差点掉到箱子里。啊！我的那些希望、那些痛苦整齐地躺在箱底！我的眼泪随着这个惊异的、可怕的发现而坠进箱子里了！

时间一天天地过去，到我懂事之后，我才发现自己的幼稚和无知。原来那一封封的信，都是无法投递的，一直被母亲悄悄地收藏起来。如今回忆起来，才悟出母亲当时用心的良苦！她既要瞒住我们，还要隐藏自己的悲哀，默默地沉浸在深深的忧伤之中。

我真佩服母亲当年的意志，父亲离开她的时候，她才二十几岁，便能体谅父亲的一片赤子之心，而让那种伤别之情一直啃蚀着她的青春。但我相信：她的泪是一直淌在心里的。

我家原是一个封建的大家庭，祖父母在世的时候，我们母女等还亏得祖父母的疼爱和庇护。等到他们逝世之后，整个家庭的人事和生活状况，便起了很大的变化。

国难又遭家难，母亲的处境更加恶劣，家庭间再难得到一丝的温暖。人情淡薄，世态炎凉，我们家族中的一些人的自私自利和冷漠待人，使我们感到悲愤！想不到自家人居然也有强弱之分，她不但得不到家庭中那些当权者的同情和体恤，还时常被他们歧视和傲慢对待。同时，他们还为了减轻负担，竟要我们自力更生，不供粮米生活费。那时候，水陆交通封锁，侨汇②断绝，国外亲人无法接济，战乱的年头，母亲只能卖掉一些首饰，以维持日常生活。

那时潮汕地区，除了沦陷之痛，又加上饥荒，盗贼猖獗，到处饿殍[③]。我们的生活每况愈下，母亲的生活担子及精神压力越来越重。那段时间，是她一生中最痛苦的时候！

一次，不知是谁造的谣，或是我那个比我父亲还要大几岁的堂兄故意找的借口，说我母亲要把房子典押给人家，便大发雷霆，凶神恶煞似的闯进母亲的房里，厉言疾色大吵大闹起来。他还气势汹汹地把母亲房里的一些嵌螺钿的红木家具给捣毁了，母亲既惊愕又气愤，眼泪扑簌簌地直流，禁不住抽噎起来……当时，我幼小的心灵也受到很大的创伤，我看到堂兄那副凶相，既惊怕又惶恐，被吓得号啕大哭起来。后来，他威逼我年幼的小弟，在屋契[④]上盖了指模，以极少的银额，把房子强行抵押给他。

天色慢慢地黝黑下来，一切归于死寂，房里很静、很静。母亲的哭泣声也停止了，她黯然，就在这时，她显得特别的沉默，双眼呆滞地望着那盏微弱的小油灯，神情是多么颓废与沮丧。她呆呆地注视着那盏油灯，又似乎没把那盏油灯放在眼里。她慢慢转身离开那盏油灯，踏出房门，再把大门打开，然后头也不回地朝河边直奔。

"母亲想投河……"这个念头在我心上涌起；我一时怕得手脚冰凉，随后疾追，边喊边哭："妈妈！妈妈！你回来，你别跑呀！妈妈，你快回来吧！……"

我的步子小，跑着，跑着，跌跌撞撞地跑着……我的哭喊声，终于唤回了母亲的心。一会儿，母亲的脚步渐渐放缓，终于被我追上了。

我紧紧地抱住母亲的脚，然后呜咽地说："妈！回家吧！别抛弃我们，我求求你，妈！"半晌，她俯身悲恸地把我搂进怀里，把脸贴在我的头上，我的头发湿了。我泪如泉涌……

　　经过这次事件之后，母亲经常失眠，日渐消瘦，后来终于病倒了。母亲经常晕厥过去。我和弟妹的哭声，又把她哭醒过来。

　　在这种恶劣的环境下，软弱无力的我，一面要张开瘦弱的翅膀去袒护[5]年幼的弟妹；另一面，还要照顾患病的母亲。经过了很长的一段时间，母亲的病渐渐好转。但自从那次大病之后，母亲患上了恐惧症，怕黑、失眠，经常做噩梦。我怕母亲晚上惧黑睡不着，一到了傍晚，我总会跑到附近去央求一位好心的老奶奶来跟母亲做伴。

　　我曾经看到母亲独自默默地跪在菩萨面前，呆呆地凝视着菩萨的塑像和灰白色的香烟。她好似要把她的心事、她的希望化在那缕缕缭绕的香烟之中……

　　现在母亲年过七十，身体还很健康。年轻时所受的折磨，并没有在她脸上留下什么痕迹。她从来不提起以前她做过的那些可怕的噩梦。我相信她并没有忘却那些苦痛，她只是把一大串的悲哀紧紧地锁在心头。我也和母亲一样，将昔日的那段苦难的经历，深深地锁在心中。

【注释】

　　① 梦莉：原名徐爱珍，原籍广东澄海。泰国著名华文作家，连任泰华作协四届副会长。

　　② 侨汇：侨汇是侨居在国外的华侨华人汇回祖国的款项。在我国，尤其是侨乡，侨汇是广大侨眷的合法收入和生活来源。

　　③ 饿殍：饿死的人。

　　④ 屋契：旧时农村地区房屋权属的证明。

　　⑤ 袒护：对错误的思想行为无原则地支持或保护。

　　抗日战争时期，战火蔓延到潮汕大地。飘摇的年代，每一个家庭都历经困苦，只有坚毅勇敢的人才能在那个战争年代的洪流中坚强生存下来。灾难深重的岁月里，每一个小小的家庭里，都有坚毅勇敢的潮汕母亲在坚守与付出。

　　1939 年 6 月 21 日凌晨，侵华的日本军队出动飞机数十架次，对汕头市进行了大规模的轰炸，并以海陆部队从海上大举进攻汕头，敌我双方在此展开激战，但因力量悬殊，终致汕头沦陷。此后，日军在汕头进行了大规模的烧杀活动，犯下滔天罪行，给人民带来深重的灾难。后来，6 月 21 日被定为"汕头沦陷纪念日"。

　　潮汕妇女有着坚韧不拔、不畏困难、勤劳持家的美好品质。请你搜集身边女性长辈（奶奶、外婆、妈妈、老师等）的故事，想想能从她们身上学到什么，并用自己喜欢和擅长的方式记录下来（参考形式：绘制手抄报、改编小故事等）。

14 柴米油盐问金安

［新加坡］蓉子①

读侨批，看到众多男儿为家计远赴南洋艰苦奋斗，女性并未缺席。

虽然多数女子生活在家庭的边缘，然而侨批见证：她们把对亲人的关爱，对家庭的赡养都视为己任。

木兰替父从军为孝心，她毕竟能武，才敢驰骋沙场；昔日女子过番，可不比今天出国的，多是女秀才，坐飞机住酒店，脸敷脂粉口说外语。过番女子并无谋生技能，做的全是打杂的基本工。读了多封女子家书，我深为感动，其中杨秀兰寄儿楚鸿："汝母每日，千艰万苦，受尽饥饿，积蓄寄去。挂念唐中孙儿，正在叻受尽苦楚，工作十分沉重，手足每日浸水生蟢。汝务须勤俭耕作，以免家中大小受饥受寒……"

手足每日浸水生蟢，为的是家中大小免受饥寒。这样的女性，应该追颁奖状，以慰泉下，以彰后人。

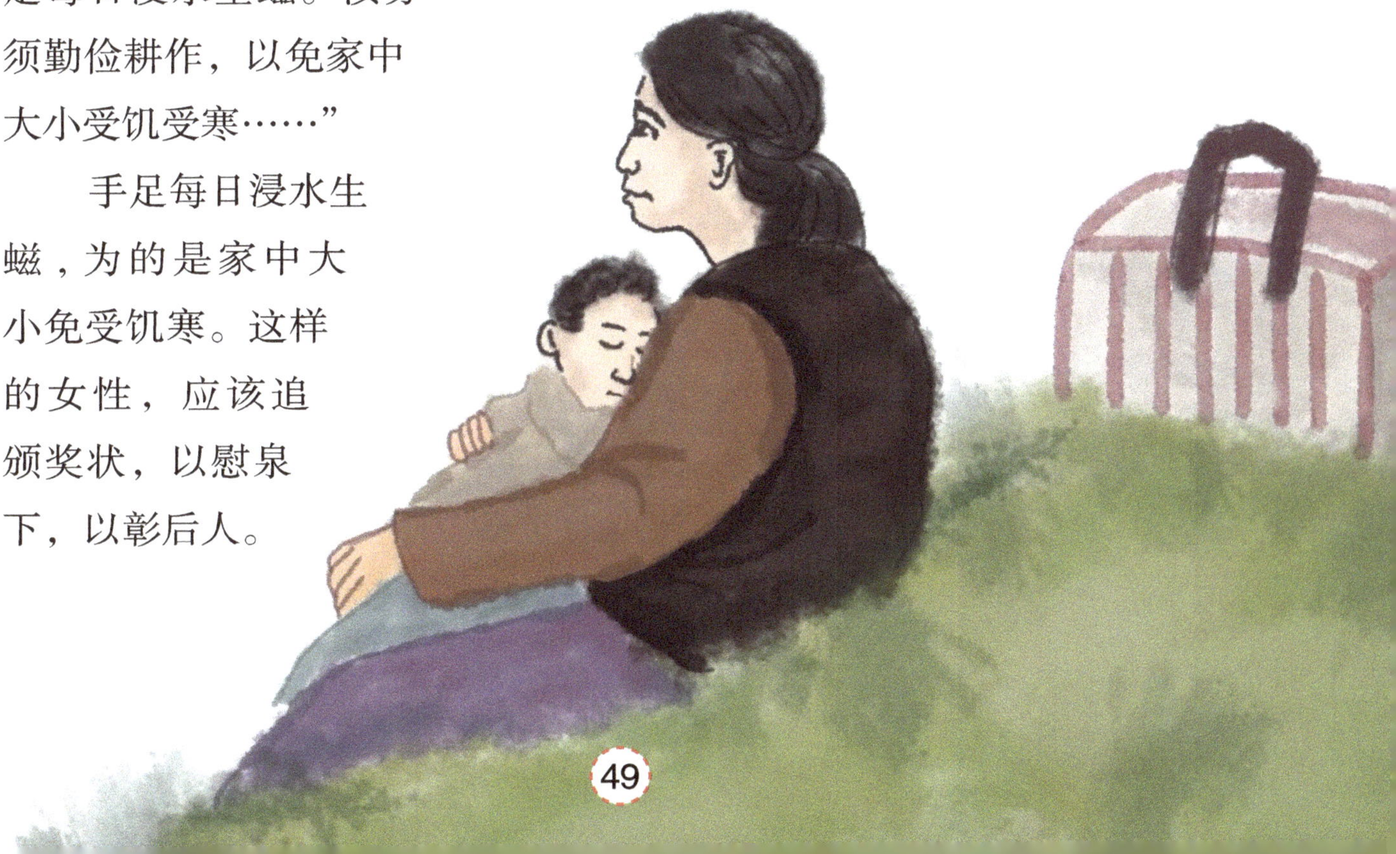

中国人传统：男主外，女主内。到了艰苦时候，女子一样把家庭负担视为己任。

女儿梅给母亲的家书说：父亲去世了，子女不能随侍在侧，"子责不周，百身莫赎"。如此自责之语，体现了女儿的孝亲，她不因身为女儿而推卸责任。

丁陈氏寄家姑大人，因币值低落，物价飞涨，至家批不敷应用，"家需连月久缺，如有向人借用多少，示明来知。下信设法应付"。信末附加："大人年老，为媳亦知，唯望代媳尽力安为。专此，敬请金安！"

侨批中的女子，有女儿，有儿媳，亦有母亲，不论哪个身份，都有一颗为家庭奉献的责任心。她们在困苦中走出家门，到海外谋生，始终荷负②家乡亲人的生活重担。在那"受薪阶级者饿断饥肠，呻吟床褥，奄奄待毙……"的环境中，她们柔和却不柔弱！

1939 年，黄舜珍寄三叔："我虽居叻，而一片精神皆在家中。"

另有一女子，批文仅一句："女在街边卖霜。"短短六字，幽怨凄凉，如泣如诉，动人心弦！

当年新加坡华社为筑梦，筹建读中文的南洋大学，全社会鼎力支持，有钱的没钱的，男女老少，大家齐出力，众多娱乐业苦命女子亦不甘人后，为筹款兴学卖唱陪舞，她们人在江湖，情系教育，正是义薄云天，感人深远！国家兴亡，匹夫有责，"匹妇"一样铁肩担重任！

女子家书，并无文教世局大事，一颗纤纤芳心千万缕，丝丝缠绕在柴米油盐、亲邻长幼的琐事中，寄钱寄药寄旧衣，问大问细问金安。

那时代的女子，多不识字，执笔抒情难。有个聪慧女人，竟剪了歌册上的字，贴字排句代替书写，真是神来之思！重男轻女的时代亏负了女子，而女子并未掉队于养护家人的侨批队伍中。

多彩的侨批，记录了时代男儿的坚韧，也铭刻了女性对家庭的痴情！我们在微信上轻易感动，点赞无数，对这万里鸿雁声透远洋的亲情，更该点赞留芳！

【注释】

① 蓉子（1949—　　　）：本名李赛蓉，新加坡著名女作家。笔名蓉子、江采蓉、阿珠等。生于广东省潮安县。幼年起定居新加坡。出版有散文集《星期六世界》《蓉子随笔》，中篇小说《伴侣》，短篇集《初见彩虹》《又是雨季》《蜜月》等。

② 荷负：担负。

导　读

本文节选自《侨批里的中华情》，概括了书中一篇篇简短而动人的侨批故事，展现了早年华侨的生活状态和坎坷心路，将华侨批信中蕴含的浓浓亲情、乡情和家国情呈现在读者面前。

知识拓展

潮汕人把出国谋生叫作"过番"，把漂洋过海到外国谋生的人称为"番客"，这些人在异国他乡的长期劳碌中创造了丰富多彩且具有鲜明地方特色的习俗。

在过去，凡是村里有人要"过番"，不管是"新番"初次出国，还是"老番"回国省亲后要重返侨居地，其亲房族人、邻居戚友，都要带上糖果饼食等当地土特产一类的礼品前来送行，俗称"送顺风"，也有人称为"送上马"，意在祝福"番客"一路平安，顺风得利。父母赠以香灰符咒、"顺治"铜钱，妻子赠以榴花木梳、甜粿、鸡蛋，皆寓顺风到达、得利回归、合家团圆之意。

活动探究

侨批中的女性，有的为人妻女，有的已为人母，无论是哪种身份，都有一颗为家庭奉献的心。请你试着搜集更多侨批中的女子家书，品读文字，把你的感受写下来与家里人分享交流。

15 侨批的家国年代

[马来西亚] 陈再藩

新山的柔佛古庙游神，国际声誉日隆，中国中央电视台七套的《乡土》摄制组，今年特地拔队前来采风②。

几天狂热的"营老爷"结束之后，摄制组开始放慢脚步，缓缓探索新山华人社会的历史与文化背景。

他们来访新山华族历史文物馆，一上楼便盯上那口从第二次世界大战之前就陪着先父过"七洲洋"③的牛皮箱。

"80后"的编导与摄影师，很难想象，我父亲十五岁少年过番，到他七十二岁过世的五十七年之间，仅仅回乡两次，中间还横隔一截与家人音信断绝的太平洋战争。

我转述母亲生前常常吁叹的"日本天"④，说到日本投降后好些时日，一批又一批番批水客来过了，先父仍音信全无，母亲的心，几乎沉没到祠堂前的溪底。突然，一天傍晚，我大哥从祠堂前跌跌撞撞冲进巷子，在青石板上连爬带滚，嗓

门沙哑、口齿不清地喊："阿爸的批来了！"

战后过番，把我生在南洋的母亲，就如此将"侨批"夹杂着亲情痛楚，深深刻进我的心坎。

我父亲在战时背着东家的稚子躲进新山市郊丛林。南洋漫长的艰辛岁月使他习惯在廉价雪茄的浓烟中沉默寡言。对于战争，他淡淡说过新山潮人侨领陈合吉一家近二十口被日军惨杀的事。

对于我，从小，母亲一叮咛父亲寄"唐山批"，便是年节列车的即将进站。而年节之后"速报平安"、薄若蝉翼的粉红色回批，结尾总会叮咛先父尽速回乡团圆。"唐山批"，不管来回，总是牵肠挂肚的纸轻情重，直叫两地望断云天。

我五六岁时，唐山来一信，父亲看后不发一言，点了香走出亚答屋外，朝北方深深跪拜，久久不起。母亲在屋里说，信是你哥寄来的，祖母过世了。

上中学后，我渐渐接手与大哥通信，1982 年轮到我写信将父丧的噩讯通知只在战后与回乡的父亲短聚一阵的大哥。

又过几年，电信局送来电报，到局里探询，译出四个字："你哥病殆。"家里决定对病弱的母亲隐瞒大哥的死讯。对于我，从未见面的大哥，就是年节之后一封封字迹娟秀的家书的总和。

今天，我与家乡的大嫂及其儿孙们都圈在微信的一个群里。过年过节，潮汕那头是四代同堂的热闹，这头，我能给他们直播新山的烟花鞭炮，还有人神同欢的庙会。

侨批苦难的年代，确实是走远了。但，侨批承载的家国深情，却永远不会消失！

【注释】

① 陈再藩（1953—　）：生于马来西亚柔佛新山，祖籍潮安浮洋花宫乡，从事文化工作逾三十载，是马来西亚非物质文化遗产二十四节令鼓原创人之一，力推柔佛古庙游神国际化。2016年获选"感动潮州"人物。

② 采风：对民情风俗的采集。

③ 七洲洋：指位于台湾海峡西南至海南岛东北之间的海域。

④ 日本天：日本侵略，受日本控制的时期。

导　读

　　本文用文学的笔触，解析侨批精神，传达了20世纪华侨的家国情怀和吃苦耐劳的优良品质——不畏艰险、重信重义、心系家国。一封封侨批，一点一滴浸透着岁月的泪珠，铺陈开战乱时代华侨们的生活图景。苦难已然过去，唯一不变的是对故乡、对祖国土地最深沉的爱。

知识拓展

　　侨批的现实需求催生了一个新兴的职业——水客。水客，指专门为海外华侨和国内侨眷提供转交信件、钱物、带人等服务的自由职业者。在当时的社会条件下，银行业、电信业非常落后，水客这种人力传递成为唯一的选择。那时候交通工具匮乏，有的侨眷所处地方又十分偏远，

有时带的东西还特别多，送批其实非常辛苦，但水客都会想尽一切办法
将侨批送达。到了 19 世纪末，各类侨批局、银信局如雨后春笋般创办
起来，当时这些侨批经营商家所雇用的投递侨批者被称为"批脚"。水
客们和批脚们传递的一封封家书，或是家人盼儿早日归来的思念，或是
海外游子对父母、妻儿的牵挂，饱含深情，令人动容。《风雨侨批》是
取材于潮汕地方史的精品话剧，展示了潮汕侨批商人、海外华侨的民族
精神觉醒和家国情怀，表达了潮汕人民不畏艰难、舍小家为大家的民族
气节。

　　小小一封侨批，寄托无数离家游子的思亲之情。请你参观汕头市侨
批文物馆，了解更多侨批历史和华侨故事，把你的见闻制作成"侨批文
化小画报"，举行一次作品展览会。